노경실 선생님이 들려주는
자연 재난 안전

노경실 선생님이 들려주는
자연 재난 안전

ⓒ 2024 노경실

1판 1쇄 펴낸날 | 2024년 5월 30일
1판 2쇄 펴낸날 | 2025년 6월 10일

지은이 | 노경실
그린이 | 세미
펴낸이 | 양승윤

펴낸곳 | (주)와이엘씨
출판등록 | 1987년 12월 8일 제1987-000005호
주소 | 서울특별시 강남구 강남대로 354 혜천빌딩 15층 (우)06242
전화 | 02-555-3200
팩스 | 02-552-0436
홈페이지 | www.aladinbook.co.kr

Natural Disaster Safety
by Noh Kyeong-sil

Copyright ⓒ 2024 by Noh Kyeong-sil
Printed in KOREA

값 13,000원
ISBN 978-89-8401-737-5 74810
ISBN 978-89-8401-724-5 74810(세트)

알라딘 북스는 (주)와이엘씨의 아동 전문 출판 브랜드입니다.

① 품명 : 노경실 선생님이 들려주는 자연 재난 안전
② 제조자명 : 알라딘북스
③ 주소 : 서울시 강남구 강남대로 354
④ 연락처 : 02-555-3200
⑤ 제조년월 : 2025년 6월
⑥ 제조국 : 대한민국
⑦ 사용연령 : 7세 이상
⑧ 취급상 주의사항
  • 종이에 베이지 않도록 하세요.
  • 책의 모서리가 날카로우니 던지거나 떨어뜨려 다치지 않도록 주의하세요.
⑨ KC마크는 이 제품이 공통안전기준에 적합하였음을 의미합니다.

노경실 선생님이 들려주는

자연 재난 안전

글 노경실 | 그림 세미

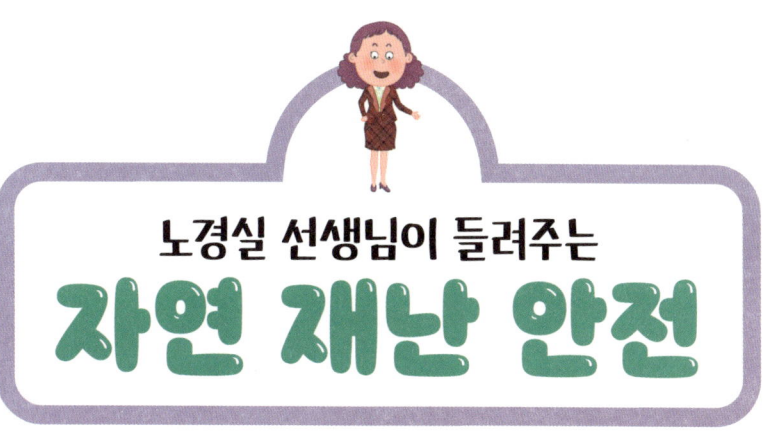

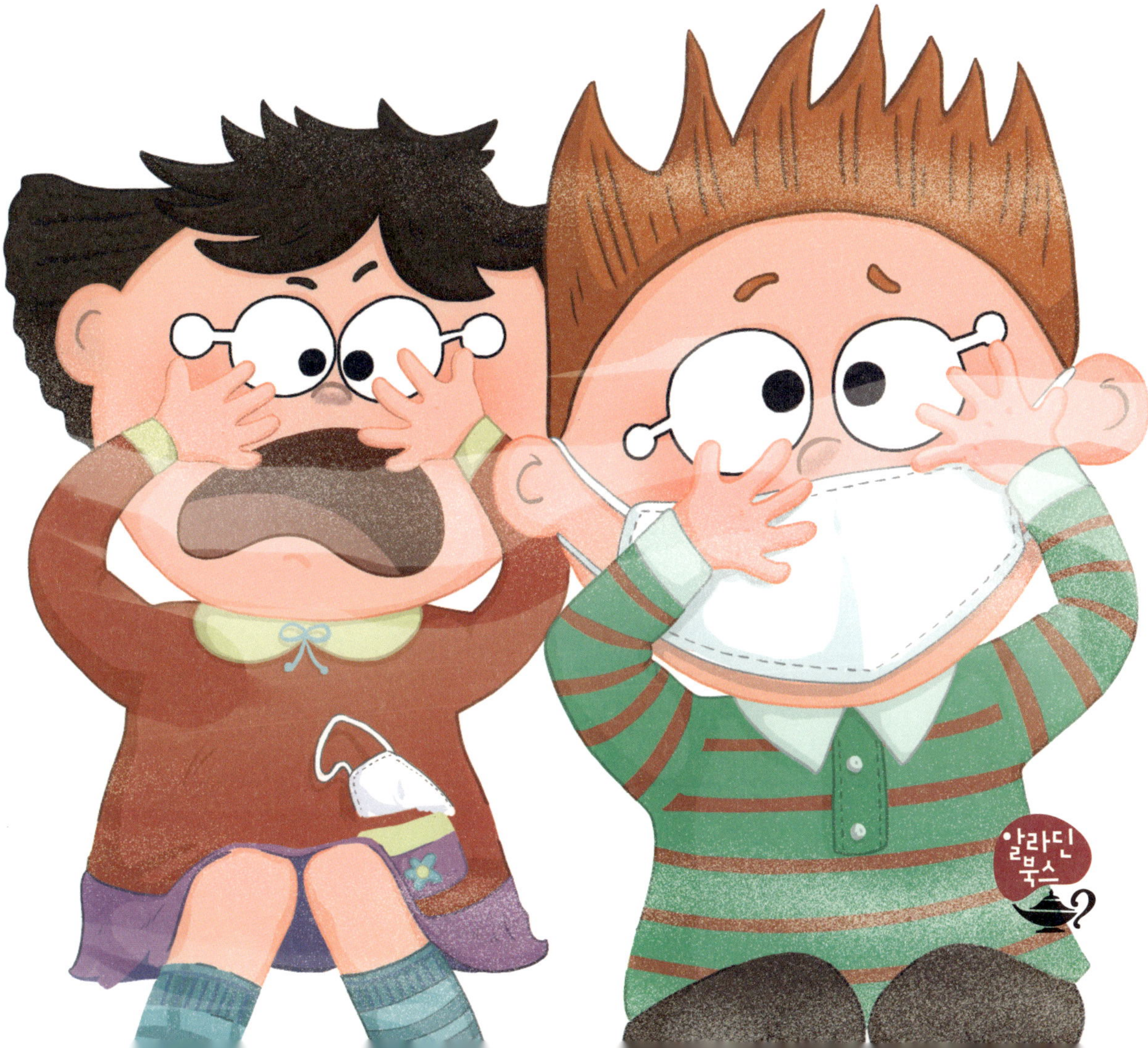

알라딘북스

 머리말

안전한 생활이
안전한 미래를 만들어요!

　나의 어린 시절을 생각하면 지금은 말 그대로 꿈같은 세상입니다. 24시간 아무 때나 서로 얼굴을 보며 전화를 할 수 있지요. 궁금한 것이 있으면 손에 들고 있는 스마트폰을 통해 바로바로 찾아볼 수도 있습니다. 먹고 싶은 것은 언제 어디서고 배달 서비스를 받을 수 있어요. 편리해진 우리의 생활을 다 이야기하자면 일주일도 넘게 걸릴지 모르겠어요. 그중에서도 가장 큰 변화는 아마도 인공지능일 거예요. 영화에서만 보던 로봇이 우리를 위해 일하는 세상이 되었으니까요.

　그런데 참 이상하지요? 날마다 새로운 기술, 첨단 제품들이 나오는데 왜 세상은 더 위험해지고 있는 것일까요? 아마 가장 큰 이유는 너무나 복잡해지고, 정신없이 빠르게 움직이는 사회 구조 때문일 거예요. 그러기에 지금 우리에게 안전한 환경을 만드는 것은 정말 중요합니다. 특히 어린이에게는 가정에서도, 학교에서도 안전 교육이 꼭 필요합니다. 안전은 '말'이나 '생각'만으로 되는 것이 아닙니다. '올바른 앎' 즉, 지식이 있어야 합니다. '아는 만큼 보고 아는 만큼 이해한다'는 속담을 기억하나요? 안전도 마찬가지입니다. 아는 만큼 내 안전을 잘 지킬 수 있습니다. 책과 교육을 통해 정확하고 올바른 안전 지식을 가져야 합니다.

나는 '어린이 안전 동화 시리즈'를 통해 어린이들에게 나를 안전하게 지키는 것은 나의 생명과 건강을 보호하는 것이며, 나의 멋진 미래를 가꾸는 첫걸음이라는 것을 알려 주고 싶습니다.

그리고 이것이 바로 나를 사랑하는 사람들에게 가장 큰 기쁨과 선물이라는 것을 잊지 않기를 바랍니다. 언제나 어린이들과 강아지들과 함께하는 나는, 이 책이 어린이들의 행복하고 안전한 생활의 든든한 친구이자 선생님이 되길 소망합니다.

햇살 눈부신 아침,
일산 흰돌마을에서

노경실

 차례

머리말 4

황사와 미세 먼지 안전
눈에 잘 안 보이면 괜찮을까요? 9

지진 안전
엄마, 아빠! 어서 피해요! 22

폭염과 일사병 안전
도와 주세요, 토할 것 같아요!
34

태풍과 폭우 안전
앗, 그쪽으로 가지 마!
48

한파와 폭설 안전
위험한 겨울 방학
60

황사와 미세 먼지 안전

눈에 잘 안 보이면 괜찮을까요?

"은영아, 오늘 미세 먼지 수치가 40이 넘는대."

엄마가 은영이의 머리를 빗겨 주며 말했습니다.

"엄마, 수치가 40이면 어느 정도예요?"

"위험한 거지, 환경부에서 35 이상이면 바깥 활동을 조심하라고 했거든. 오늘은 친구들이랑 실내에서 놀고, 밖에 나갈 때는 마스크를 꼭 써야 한다."

"실내에서만 놀아야 해요? 마스크도 쓰고요? 어휴……."

은영이는 얼굴을 찡그리며 한숨을 푹 쉬었습니다. 오늘은 반 친구, 민철이 생일 파티를 하는 날이라 동네에 있는 놀이 시설에서 점심을 먹고, 놀이기구도 타기로 했거든요.

"미세 먼지는 눈에 안 보이지만 우리 몸속 구석구석 다 들어올 수 있어. 그래서 위험해."

엄마는 마스크를 은영이의 외출 가방에 넣어 주었습니다.

"민철아, 생일 축하해!"

"고마워!"

아이들은 맛있는 음식을 먹으며 즐겁게 파티를 했습니다. 옷가게를 하는 민철이 부모님은 바빠서 잠깐 들렀다 가고, 중학생인 민철이 누나가 함께 있었습니다.

점심을 먹고 난 아이들은 민철이 누나를 따라 실내 오락실에서 신나게 놀았습니다. 그러나 창밖으로 회전목마, 바이킹 등 여러 놀이기구를 본 아이들이 조르기 시작했습니다.

"바이킹, 한 번만 타고 올게요."

"회전목마 타고 싶어요!"

"롤러스케이트 30분만 타고 올게요."

아이들이 너도나도 조르자 어쩔 줄 몰라 하던 민철이 누나는 그만 고개를 끄덕이고 말았습니다.

"대신 마스크는 꼭 쓰고 나가야 해."

"네!"

아이들은 민철이 누나가 사 준 티켓으로 저마다 좋아하는 놀이기구를 탔습니다. 회전목마가 빙글빙글 돌아가자 신이 난 승아는 마스크를 턱 밑으로 내렸습니다. 바이킹이 이리저리 흔들릴 때 무서워서 소리를 지르다가 눈물이 나자 은영이와 민철이는 손으로 눈을 비볐습니다. 롤러스케이트를 타다가 숨이 찬 승우는 마스크를 바지 뒷주머니에 넣었습니다. 각자 놀이기구에 푹 빠진 아이들은 신나게 소리를 지르며 놀았습니다.

민철이 누나는 걱정스런 얼굴로 아이들을 지켜보았습니다.

한참 놀던 아이들은 더워서 땀이 나자 씻지도 않은 손으로 얼굴과 목의 땀을 마구 닦았습니다.

"이제 그만 하고 가자!"

민철이 누나가 아이들을 향해 소리쳤습니다.

"누나, 한 번만 더 타고 갈게."

민철이가 조르자 누나가 화를 냈습니다.

"민철아, 엄마가 말했던 거 잊었어? 오늘 미세 먼지 농도가 높으니까 실내에서만 놀라고 했잖아. 그나마 내가 한번 봐준 거야. 이제 그만 해!"
그제야 아이들은 아쉬운 마음을 안고 집으로 돌아갔습니다.

그날 집에 돌아와 밥을 먹던 은영이가 자꾸 두 눈을 손등으로 비볐습니다.
"은영아, 왜 그래? 눈에 뭐가 들어갔니?"
"아, 아니요……."
은영이는 생일 파티에서 있었던 일을 차마 말하지 못하고 고개를 푹 숙였습니다.
"어디 보자, 아니? 너 눈이 왜 이렇게 빨간 거야? 두 눈 다 그러네. 어서 병원에 가자."
병원에 가서 진찰을 받으니 미세 먼지 때문이라고 했습니다. 그런데 이날 은영이는 병원에서 민철이를 만났습니다. 민철이도 눈이 벌겋게 부어 있었습니다.
"은영이 엄마, 미안해요. 내가 낮에 바빠서 아이들을 돌보지

못했어요."

민철이 엄마가 미안한 얼굴로 은영이 엄마에게 사과를 했습니다.

"얘들아, 황사나 미세 먼지가 심한 날은 어린이나 어르신들, 그리고 몸이 약한 사람들은 특히 조심해야 해. 황사나 미세 먼지가 눈에 잘 안 보인다고 괜찮다고 생각하면 안 돼."

"네……."

의사 선생님의 말에 은영이와 민철이가 발개진 두 눈을 껌뻑이며 대답했습니다.

그날 마스크를 벗은 다른 친구들도 눈이 아프거나 목감기에 걸린 것처럼 목이 가렵고 따가워 병원에 갔다고 했습니다.

집으로 돌아오는 길에 엄마는 다시 한번 주의를 주었습니다.

"은영아, 이제부터는 미세 먼지 농도가 높을 때는 꼭 마스크를 쓰는 습관을 가져야 해. 알았지?"

은영이가 고개를 끄덕였습니다.

엄마와 은영이는 집에 오자마자 양치질을 하고 몸을 깨끗이 씻었습니다. 아빠는 그사이에 가게에 가서 마스크와 모자, 보호 안경 등을 사 왔습니다.

"내일은 황사 농도가 더 심해진다고 하니까 철저히 준비하고 외출하는 게 좋아."

식구들은 각자 자기에게 맞는 모자와 안경을 써 보았습니다.

"아빠, 이제 날이 더워질 텐데 이런 걸 다 써야 해요?"

은영이가 모자를 벗으며 물었습니다.

"답답해도 조심하는 게 좋지. 저런 베란다 문이 열렸네."

아빠는 얼른 문을 닫았습니다.

"아빠, 시원한 바람이 들어오는데 왜 문을 닫아요?"

"황사나 미세 먼지 농도가 높을 때는 문이나 창문을 닫아야 해. 집 안에 들어와서 사람 몸에 묻게 되거든."

그때, 엄마가 과일을 가지고 왔습니다.

"자, 과일 먹자. 오늘은 다른 날보다 더 깨끗이 씻었어."

"왜요?"

"아빠 말씀처럼 미세 먼지가 과일에도 묻어 있을 수 있거든. 황사나 미세 먼지가 심할 때는 과일이나 채소도 더 깨끗이

씻어 먹어야 안전하지."

엄마의 말에 은영이는 벗었던 모자와 안경과 마스크를 다시 써 보았습니다. 그리고 거울을 보며 마음속으로 말했습니다.

'이제 다시는 황사랑 미세 먼지 속에서 놀지 않을 거야!'

안전이 최고야!

🌱 문제를 잘 보고 알맞은 곳에 스티커를 붙여 보세요.

1 미세 먼지가 심할 때는 무엇을 준비하면 좋을까요?

㉮ 마스크가 있는지 확인해요.

㉯ 맛있는 과자부터 챙겨요.

2 미세 먼지가 심한 날에는 어떻게 해야 할까요?

㉮ 물을 덜 마시고 간식을 많이 먹어서 힘을 길러요.

㉯ 물을 자주 마시고 목을 잘 관리해요.

3 황사가 심한 날, 외출하고 집에 오면 무엇부터 해야 할까요?

㉮ 비타민이나 영양제부터 먹어요.

㉯ 손부터 깨끗이 씻어요.

4 집에 있을 때, 황사 경보 문자가 오면 어떻게 하나요?

㉮ 황사를 피해 얼른 집 밖으로 나가요.

㉯ 모든 문을 닫고 공기청정기를 틀어요.

5 야외로 놀러 가고 싶은데 미세 먼지 농도가 높으면 어떻게 해야 할까요?

㉮ 건강하면 상관없으니 놀러 나가요.

㉯ 공기 좋고 맑은 날, 나가서 놀아요.

노경실 선생님의 '자연 재난 안전' 이야기

바람에 의해 하늘 높이 불어 올라간 모래 먼지가 하늘을 덮었다가 서서히 떨어지는 것을 황사라고 해요. 처음에는 고비 사막이나 타클라마칸 사막에서 시작되었는데, 중국이 사막화가 진행되면서 강한 황사가 만들어져 우리나라도 피해를 받고 있지요. 미세 먼지는 석유나 석탄을 사용하면서 발생하기 시작했는데, 이제는 초미세 먼지도 생겨서 우리 몸속으로 들어와 병을 일으키기도 한답니다. 기상 예보를 잘 듣고 언제나 깨끗한 생활을 하는 게 중요해요.

정답 ❶ 가 아니오 / ❷ 가 아니오 / ❸ 가 아니오 / ❹ 가 아니오 / ❺ 가 아니오

지진 안전

엄마, 아빠! 어서 피해요!

"여보, 빠진 것 없이 다 챙겼죠?"

엄마는 여행 가방을 다시 한번 살펴보며 말했습니다.

"그럼! 내가 누군데. 승구야, 너도 준비 다 했지?"

승구네는 오랜만에 3박 4일 여행을 떠납니다. 그동안 아빠 회사 일이 많아서 여름휴가를 못 갔거든요. 승구네 가족은 부푼 마음으로 자동차를 타고 바다를 향해 출발했습니다.

승구는 엄마, 아빠와 마음껏 바다에서 헤엄도 치고 물놀이도 했습니다. 또 가까이에 있는 산에 올라가서 신선한 공기를 마시며 숲속을 산책했습니다. 맛있는 음식도 실컷 먹었습니다. 어느새, 내일이면 다시 집으로 가야 합니다. 시간이 어떻게 지나갔는지 모를 만큼 즐거운 여행이었습니다. 승구네 가족은 식당에서 저녁 식사를 하고 숙소로 돌아왔습니다.

"내일이면 떠나야 한다니 너무 아쉽네. 한 달만 이곳에서 살면 좋겠다."

엄마가 커피를 마시며 말했습니다.

"나도 가기 싫어요."

승구도 창밖의 밤바다를 보며 칭얼거렸습니다.

"아빠도 그래."

아빠가 승구의 등을 토닥이며 말했습니다. 그런데 그 순간 벽에 걸려 있던 그림 액자가 큰 소리를 내며 바닥으로 떨어졌습니다.

"으악!"

10센티 정도만 더 가까이 떨어졌으면 엄마는 큰일을 당했을 것입니다.

"아니 갑자기 액자가 왜 떨어지지? 여보, 괜찮아?"

아빠가 엄마 곁으로 다가가려던 순간이었습니다.
"으악!"
세 식구가 한목소리로 비명을 질렀습니다.

천장에 달린 전등이 요란하게 소리를 내며 흔들렸습니다. 창문이 깨질 듯 덜컹거리고, 탁자에 있던 컵이 쓰러지면서 커피

가 바닥으로 쏟아졌습니다.

"이건 지진이야. 어떡해야 하지?"

"어서 밖으로 나가요!"

엄마와 아빠가 다급한 목소리로 외쳤습니다.

순간, 승구는 학교에서 배운 지진 대피 훈련 때, 선생님이 가르쳐 준 말이 생각났습니다.

'여러분, 지진이 일어나면 무섭다고 무조건 밖으로 나가면 안 돼요. 유리창이나 간판 등이 떨어져서 크게 다칠 수 있어요. 지진이 나면 얼른 책상이나 식탁 아래로 몸을 피해야 해요. 만약 피할 수 없다면 두꺼운 이불이나 방석, 책 등으로 머리를 보호하는 게 안전해요.'

그날, 승구네 반 아이들은 선생님 안내에 따라 지진 경보 소리를 듣자마자 모두 책상 아래로 몸을 피했습니다.

승구는 그때를 생각하며 소리쳤습니다.

"엄마! 아빠! 지금 밖으로 나가면 안 돼요! 학교에서 배웠어요. 어서 주방에 있는 식탁 밑으로 가요!"

세 식구는 급히 식탁 밑으로 몸을 피했습니다. 그사이 다행

히 흔들림이 조금씩 약해졌습니다.

　아빠는 스마트폰으로 지진 대피 요령을 찾으려 했지만 계속 '인터넷 연결이 불안정한 상태입니다.'라는 글자가 떠서 정보를 찾을 수 없었습니다.

　숙소 밖에서는 구급차와 경찰차 사이렌 소리가 요란하게 울렸습니다. 그리고 곧이어 안내 방송이 나왔습니다.

　"여러분, 너무 걱정하지 마세요. 방금 일어난 지진은 진도 3 정도라서 아주 위험하지는 않다고 합니다. 그러나 여진이 있을 수 있으니 벽이나 높은 곳에 있는 물건들은 다 내려놓고, 다음 안내 방송을 기다려 주시기 바랍니다."

　그제야 승구네 가족은 식탁 아래에서 나왔습니다.

　엄마는 얼마나 승구를 꽉 껴안고 있었는지 두 팔이 아플 정도였습니다. 승구는 너무 놀라 숨이 답답한 줄도 몰랐습니다.

　그때, 마침 학교에서 배운 또 한 가지가 승구의 머릿속을 스쳤습니다.

　"엄마! 지진이 나면 가스 밸브를 잠그고, 전기 코드도 다 뽑아 놓으라고 했어요."

"그래, 그래……."

엄마는 황급히 일어나 승구의 말대로 했습니다.

잠시 뒤, 서너 차례의 여진이 더 있었지만 다행히 물건이 흔들릴 정도는 아니었습니다. 여진이 느껴지지 않을 정도가 되자, 승구네 가족은 잠잘 준비를 했습니다. 하지만 마음이 편하지 않았습니다. 안내 방송은 몇 차례 더 나왔고, 마지막 안내 방송을 듣고서야 승구네 가족은 잠을 잘 수 있었습니다.

이튿날, 아침 식사를 마친 승구네 가족은 집으로 향했습니다. 달리는 자동차 안에서 엄마, 아빠와 승구는 쉴 새 없이 지진 이야기를 나누었습니다.

"나는 지진이 다른 사람들 이야기인 줄 알았어. 그런데 직접 경험을 하니 정말 무섭다."

엄마는 아직도 얼떨떨한 표정이었습니다.

"맞아. 그런데 우리가 부모로서 지진에 대해 안전 상식이 하나도 없다는 걸 깨달았어. 이번에 우리 승구가 정말 큰 역할을 했지. 스마트폰도 안 되는 바람에 나도 속으로 너무나 무

서 왔거든. 역시 우리 아들이 최고다!"

아빠의 칭찬에 승구는 기분이 좋았습니다.

"아빠! 그래서 내가 학교에서 안전 지킴이 상도 받았잖아요."

"그래! 정말 멋진 승구다! 여보, 지금부터 승구한테서 지진 안전에 대해서 배웁시다."

"좋아요! 승구야, 학교에서 배운 것 좀 가르쳐 줄래?"

엄마의 말에 승구는 지진 대피 훈련 받은 것을 하나하나 설명하기 시작했습니다.

"엄마, 아빠! 지진이 나면 엘리베이터를 타면 안 돼요. 왜냐하면 정전이 되거나 불이 나면 엘리베이터 안에 갇힐 수 있거든요. 그리고 자동차를 타고 가다가 지진을 만나면 얼른 자동차 밖으로 나와야 해요. 그리고……."

승구는 마치 선생님이 된 듯 열심히 설명을 했습니다. 엄마와 아빠는 마치 학생처럼 승구의 말을 한 마디도 놓치지 않으려 눈을 반짝이며 귀 기울여 들었답니다.

안전이 최고야!

🌱 문제를 잘 보고 알맞은 곳에 스티커를 붙여 보세요.

1 집 안에 있을 때 지진이 나면 어떻게 해야 할까요?

㉮ 떨어지는 물건에 다칠 수 있으니 책상이나 식탁 밑으로 피해요.

㉯ 집이 무너질 수 있으니 빨리 밖으로 뛰어나와야 해요.

2 텔레비전을 보고 있는데 지진이 나면 어떻게 하나요?

㉮ 지진 안내 방송을 듣기 위해 계속 켜 두어요.

㉯ 모든 전기 플러그를 뽑고, 가스 밸브도 잠궈요.

3 가족과 함께 등산 갔을 때 지진이 나면 어떻게 해야 할까요?

㉮ 지진으로 산사태가 날 수 있으니 안전한 곳으로 피해요.

㉯ 높은 곳이 안전하니 무조건 산꼭대기로 도망쳐요.

4 놀이터에서 친구들과 노는 데 지진이 나면 어떻게 하나요?

㉮ 손으로 머리를 막으면 괜찮아요.

㉯ 벽이나 높이 쌓아 둔 물건이 무너질 수 있으니 넓은 장소로 피해요.

5 지진 안전에 대비해서 집이나 차 안에 준비할 것이 있나요?

㉮ 편의점이나 마트에 가면 되니까 준비하지 않아도 돼요.

㉯ 비상용 음식, 물, 구급 약품, 담요 등을 늘 준비해 두어요.

노경실 선생님의 '자연 재난 안전' 이야기

여러분 놀라지 마세요. 우리나라도 매년 100회 이상 지진이 일어나고 있어요. 이미 지진을 경험한 친구들도 있을 거예요. 또, 다양한 영상을 통해 지진이 얼마나 무서운 자연 재난 현상인지 보았을 거예요. 지진은 그냥 땅만 흔들리는 게 아니에요. 땅이 흔들리고 갈라지면서 화재, 산사태, 건물 붕괴, 차량 충돌 등 무서운 일이 연달아 일어나지요. 재난에 대비하기 위해서 지진 안전을 배워야 하고, 비상시에 사용할 수 있는 물품도 준비해 두어야 합니다.

정답 ① 가지 아니오 / ② 가지 아니오 / ③ 가지 아니오 / ④ 가지 아니오 / ⑤ 가지 아니오

폭염과 일사병 안전

도와주세요, 토할 것 같아요!

토요일 아침, 태진이네 가족이 모여 아침 식사를 하는데 텔레비전에서 날씨 소식이 나왔습니다.

"기상청은 오늘 오전 11시를 기해 폭염주의보를 내렸습니다. 서울 33도, 대전 34도, 광주 33도, 대구 35도 등 무더위가 심해지고 곳곳에 강한 소나기도 있을 전망입니다. 오늘은 바깥 활동을 자제하고, 노약자 등 건강이 염려되는 분들은 특별히 안전에 유의하시기 바랍니다. 또한 야외 활동 중에 메스꺼움, 현기증 등의 증상이 있으면 즉시 119로 신고해 주시기 바랍니다."

가만히 듣고 있던 태진이가 고개를 들며 물었습니다.

"엄마, 폭염주의보가 뭐예요?"

"여름철에 하루 최고 기온이 33도에서 35도 상태가 이틀 이상 계속되면 기상청에서 폭염주의보라고 발표해."

엄마가 자세히 설명해 주었습니다.

"태진아, 오늘 폭염주의보니까 너무 오래 축구하지 마. 물도 자주 마시고. 알았지?"

엄마가 걱정스러운 얼굴로 말했습니다.

"엄마, 더우면 축구하는 게 더 신나요. 그래서 추운 날에는 축구를 잘 안 하잖아요."

"그래도 폭염주의보가 내려졌으니까 조심해야 해. 당신도 일할 때 몸조심해요."

엄마는 아빠에게도 말했어요. 아빠는 공장 사무실 안에서 종일 물품 검사 일을 하거든요.

"염려 말아요. 나는 시원한 사무실에서 일하니까!"

아빠랑 태진이가 마주 보며 웃었습니다. 하지만 엄마는 걱정스러운 얼굴로 두 사람을 바라보았습니다.

학교 운동장에서 만난 태진이 친구들은 축구를 시작하기도 전에 땀을 뻘뻘 흘렸습니다. 햇살이 너무 뜨겁고 바람이 전혀 불지 않았기 때문입니다. 그래도 아이들은 온 힘을 다해 뛰고, 공을 차고, 넘어졌다가 다시 일어나고, 서로 밀치

면서 축구 경기를 했습니다.

금방 아이들의 얼굴이 새빨갛게 달아올랐습니다. 모두 숨을 헉헉 내쉬었습니다. 이기려는 욕심에 물도 마시지 않고 경기를 했습니다.

"민국아, 왜 핸들링(손 또는 팔을 공에 대는 반칙)하는 거야? 이건 반칙이야, 반칙!"

태진이가 흥분해 소리를 질렀습니다. 그때, 심판을 맡은 아이가 호루라기를 불었습니다. 전반전이 끝났음을 알리는 소리였습니다.

"에이, 억울해! 우리 편이 한 번 더 찰 수 있었는데!"

태진이가 억울한 표정으로 씩씩대며 나무 그늘에 털썩 주저앉았습니다.

"후반전에 잘하자. 그래도 1 대 0으로 우리가 이기고 있잖아. 자, 물 마셔."

훈이가 형처럼 다정하게 말했습니다.

뜨거운 햇살 때문에 바닥에 둔 플라스틱 생수병도 뜨뜻해져 있었습니다.

"에이, 차라리 수돗물 마실래."

태진이가 생수병을 내려놓으며 벌떡 일어났습니다.

"어, 어지러워……. 헉!"

순간 태진이가 그 자리에 푹 쓰러졌습니다.

"태진아, 왜 그래?"

깜짝 놀란 훈이가 쓰러진 태진이를 부축했습니다. 그 모습을 본 친구들이 달려왔습니다.

"어지러워… 토할 것 같아."

태진이는 헛구역질을 하며 힘들어 했습니다.

훈이가 얼른 119에 신고를 했습니다.

태진이는 병원에서 간단한 치료를 받았습니다. 몸의 열이 내리고, 안정될 때까지는 누워 있어야 한다고 했습니다. 친구들이 걱정스러운 얼굴로 침대 주위에 빙 둘러섰습니다. 그때 간호사 선생님이 들어왔습니다.

"애들아, 태진이는 이제 괜찮아. 하지만 앞으로는 폭염주의보나 경보가 내리면 야외에서 축구처럼 심한 운동은 하지 않는 게 좋아. 더위도 조심하지 않으면 큰 병이 되거든."

"간호사 선생님, 더위도 병에 걸릴 수 있어요?"

훈이가 물었습니다.

"그럼, 우리 몸이 보통 36.5도인데 이보다 온도가 훨씬 높거나 낮은 곳에서 오래 있으면 몸에 이상이 생길 수 있어."

아이들은 고개를 끄덕였습니다.

잠시 뒤, 태진이는 병원으로 온 엄마와 함께 집으로 갔습니다. 태진이는 작년에 농사를 하는 할머니가 '내가 밭에서 일을 하다가 더위를 먹어서 고생하고 있단다.'라고 하신 말씀을 이제야 이해할 수 있었습니다.

그날 저녁, 아빠도 기운이 하나도 없는 모습으로 집에 돌아왔습니다.

"아빠, 어디 아프세요?"

소파에 누워 있던 태진이가 놀라 일어나며 물었습니다. 저녁 준비를 하던 엄마도 깜짝 놀랐습니다.

"내가, 콜록콜록……."

아빠는 기침 때문에 말을 제대로 하지 못했습니다.

"아빠, 감기 걸렸어요?"

"아니… 집에 오는 길에 병원에 들렀는데 냉방병이래. 그런데 감기 걸린 것처럼 기침도 나고 머리가 좀 아파. 몸을 따뜻하게 하고 며칠 쉬면 괜찮대."

아빠는 기운 없이 소파에 털썩 앉았습니다.

"휴, 심각하진 않다니 다행이네요. 하지만 냉방병 때문에 다른 병이 생길 수 있으니 조심해야 해요."

엄마도 그제야 안심하는 얼굴이었습니다.

"아빠, 그런데 냉방병이 왜 생겼어요?"

"너무 공기가 찬 곳에 오래 있거나, 에어컨에서 나오는 바람 속에 균이 있어서란다. 그래서 사장님이 회사의 모든 에어컨을 소독하라고 했어. 콜록콜록……."

엄마는 아빠와 태진이를 번갈아 보며 말했습니다.

"폭염주의보가 내린 날에 아들이랑 아빠가 다 고생하네요. 그러니까 건강은 함부로 장담하는 게 아니에요. 내가 폭염에 주의하라고 말했잖아요."

"당신 말이 옳아요, 콜록콜록."

"엄마는 안전 박사야, 콜록콜록."
태진이가 아빠를 흉내 내며 말했습니다.

안전이 최고야!

🌱 문제를 잘 보고 알맞은 곳에 스티커를 붙여 보세요.

1 낮 최고 기온이 30도 이상이 될 때는 어떻게 해야 할까요?

㉮ 친구들과 바깥에서 놀지 않아요.   ㉯ 튼튼하니까 마음껏 뛰어놀아도 돼요.

2 더워서 땀을 많이 흘리면 어떻게 하는 게 좋을까요?

㉮ 간식을 많이 먹고 기운을 내요.   ㉯ 너무 차지 않은 시원한 물을 자주 마셔요.

3 폭염주의보가 내린 날, 밖에 꼭 나갈 일이 생기면 어떻게 하나요?

㉮ 모자를 쓰고 시원한 긴팔옷을 입고 그늘로 다녀요.   ㉯ 더우니까 모자도 벗고, 소매 없는 옷을 입어요.

4 에어컨이 나오는 곳에서는 어떻게 하는 게 좋을까요?

㉮ 시원해질 때까지 얼굴을 바짝 대고 에어컨 바람을 쐐요.

㉯ 아무리 더워도 조금 떨어져 바람을 쐬는 게 좋아요.

5 더운 날에 아이스크림 같은 빙과류를 어떻게 먹는 게 좋을까요?

㉮ 시원해질 때까지 최대한 많이 먹으면 좋아요.

㉯ 배탈이 날 수 있으니 적당한 양을 먹어요.

 노경실 선생님의 '자연 재난 안전' 이야기

사람 몸은 기계나 로봇이 아니라서 병균에도 약하지만 온도에도 민감하게 반응하지요. 그래서 추워도 병이 들 수 있고, 더워도 아플 수 있어요. 여름에는 날씨 정보를 살펴보는 것이 중요해요. 뉴스나 스마트폰으로 알아보고 미리 안전에 유의해야 합니다. 기온이 높을 때는 바깥에서 놀지 않고, 에어컨 바람을 너무 오래 쐬는 것도 좋지 않아요. 늘 미리 대비해서 사고를 방지하는 것 잊지 마세요!

정답 ① 나 채 / ② 나 가지 / ③ 나 아이 / ④ 나 가지 / ⑤ 나 아이

태풍과 폭우 안전

앗, 그쪽으로 가지 마!

"코코야, 누나랑 산책 가자."

재숙이는 강아지와 함께 산책 갈 준비를 했습니다.

엄마와 아빠가 마트에 가면서 "재숙아, 오늘 태풍 온다고 했으니 집에 있어야 해."라고 몇 번이나 말했지만 재숙이는 친구 훈이의 전화를 받자마자 집을 나설 채비를 했습니다.

"무슨 태풍이 와? 하늘이 저렇게 파란데. 우리 엄마는 걱정 엄마야!"

재숙이는 하늘을 보며 빙긋 웃었습니다. 밖에 나온 코코는 신이 나서 이리저리 폴짝폴짝 뛰었습니다. 재숙이도 덩달아 신이 났습니다.

"훈아!"

공원에서 재숙이는 훈이를 만났습니다. 훈이는 몸집이 코코보다 조금 더 큰 멋진 진도 믹스를 키웁니다. 이름은 '조이(기쁨)'입니다. 훈이랑 재숙이가 친해서인지 코코랑 조이도 만나면 서로를 반가워했습니다.

두 아이와 두 마리 개는 공원 안을 이리 뛰고 저리 뛰며 한참을 놀았습니다. 그런데 점점 바람이 세게 불기 시작했습니다. 사람들이 하나둘 공원을 떠났습니다.

"훈아, 우리 엄마가 그러는데 오늘 태풍 온대. 정말인진 모르겠지만……."

"에이 태풍, 그런 건 하나도 안 무서워. 태풍보다 내가 힘이 더 세!"

훈이는 팔뚝을 접었다 폈다 하며 큰소리를 쳤습니다. 그때였습니다.

'번쩍!' 하더니 푸르고 노란 빛이 뒤섞인 칼날처럼 날카로운 긴 빛줄기가 땅에 꽂히듯이 하늘에서 쏟아지기 시작했습니다.

"우르르릉쾅쾅!"

곧이어 고막이 터질 것처럼 엄청나게 큰 천둥소리가 울렸습니다.

"엄마야!"

재숙이는 코코를 품에 안고 바들바들 떨었습니다. 그제야 훈이도 무서운 생각이 들었습니다.

"집에 가자."

두 아이가 공원을 나서는데 더 세찬 비가 내리기 시작했습니다. 눈앞이 보이지 않을 정도로 거센 폭우였습니다. 다시 '번쩍!' 하더니 천둥소리가 울려퍼졌습니다.

"우르르릉쾅쾅!"

번개와 천둥은 몇 분 사이로 계속 내리쳤습니다. 그뿐이 아닙니다. 바람이 너무 세게 불어 두 아이는 서로를 잡고 걸어도 앞으로 나아가기 힘들었습니다. 훈이는 폭우에 조이의 줄도 놓치고 말았습니다. 다행히 조이가 뒤에서 잘 따라왔습니다.

"저 나무 아래로 피하자!"

재숙이를 따라 훈이도 커다란 나무 아래로 피했습니다. 그

때, 망가진 우산을 쓰고 가던 아주머니가 소리쳤습니다.

"애들아, 나무 밖으로 나와! 벼락이 떨어질 수 있어! 어서!"

"벼락이요?"

두 아이는 새파랗게 질려서 나무 밖으로 나왔습니다. 재숙이와 훈이 그리고 코코와 조이는 비에 젖어 누가 사람이고 강아지인지 알 수 없을 정도가 되었습니다.

"애들아, 벼락은 높은 곳에 잘 떨어지니까 피해서 얼른 집에 가라!"

아주머니는 비바람에 비틀거리면서도 앞으로 뛰어갔습니다.

두 아이도 다시 뛰었습니다. 하지만 얼마 가지 못해서 재숙이가 멈춰 섰습니다.

"훈아, 너무 힘들어. 저기서 잠깐만 쉬었다 가자."

"그래, 나도 힘들다."

두 아이는 가게들이 줄지어 있는 건물 처마 밑으로 들어갔습니다. 그러나 너무나 비바람이 세차서 온몸은 물에 담근 빨래처럼 무거웠습니다. 코코는 무서워 벌벌 떨고, 조이는 훈이만 쳐다보았습니다. 그런데 두 아이의 머리 위에서 이상한 소리가 들렸습니다.

"들그덕들그덕, 타악탁! 타탁!"

그때, 두 아이가 서 있는 가게에서 아저씨가 나왔습니다.

"얘들아, 여기 서 있으면 안 돼. 간판들이 떨어질 수 있어. 떨어지는 물건에 다치면 얼마나 위험한지 모르니?"

아저씨는 비바람이 잠시 약해질 때까지 아이들을 가게 안에 있게 해주었습니다. 다행히 30분 정도 지나자 바람이 서서히 약해지고 빗줄기가 가늘어졌습니다.

"얘들아, 뉴스를 보니까 내일 오후쯤 태풍이 사라진다고 하는구나. 내일까지 조심하고 비가 잦아들었으니 어서 집에 가라."

두 아이는 아저씨에게 고맙다는 인사를 하고 가게에서 나왔습니다.

"훈아, 나는 이제부터 엄마 말을 잘 들을 거야."

"나도 그럴 거야. 우리 엄마, 아빠도 태풍 이야기를 했거든."

훈이와 조이가 재숙이와 코코보다 앞장서 걸었습니다. 그런데 갑자기 재숙이가 비명을 질렀습니다. 비가 와서 생긴 얕은 물웅덩이에 발이 걸려 넘어진 것입니다.

"엄마! 으앙!"

"깨앵깽깽깽!"

재숙이가 넘어질 때, 같이 웅덩이에 빠진 코코는 입을 쩍 벌리고 귀가 따가울 정도로 비명을 질러 댔습니다. 재숙이도, 코코도 흙탕물 범벅이 되었습니다.

그때, 조이가 코코를 향해 웅덩이로 들어가려 했습니다.

"안 돼!"

훈이가 얼마나 크게 소리를 질렀는지 조이가 멈칫했습니다. 훈이가 웅덩이 바로 앞에서 무엇을 보았기 때문입니다. 그것은 어디선가 흘러내린 전깃줄이었습니다.

만약에 전깃줄이 물웅덩이에 들어가 있었다면 재숙이도 코코도 전기에 감전당하는 사고를 당했을 것입니다. 그리고 조이가 그 전깃줄을 밟았다면 끔찍한 일이 일어났을 것입니다.

훈이는 학교에서 배운 전기 안전 지식 때문에 미리 사고를 막을 수 있었습니다.

훈이가 재숙이와 코코를 조심스레 일으켜 주었습니다. 마침 태풍 피해를 조사하러 출동하던 경찰차가 있어서 차를 향해 두 팔을 흔들었습니다.

"경찰 아저씨, 여기 전깃줄이 떨어졌어요."

"와! 너희들이 아니었다면 사고가 일어날 수도 있었을 거야. 고맙구나."

경찰 아저씨는 두 아이를 칭찬해 주고, 관리 기관에 연락을 했습니다.

그날, 집에 돌아온 재숙이는 엄마에게 실컷 야단을 맞았습니다. 하지만 전혀 억울하거나 화가 나지 않았습니다. 엄마 말이 모두 옳았기 때문입니다.

재숙이는 깨끗이 목욕한 코코를 안아 주며 말했습니다.

"코코야, 나 때문에 오늘 고생 많이 했지? 미안해. 내가 이제부터 안전에 대해서 더 많이 공부할게. 그래서 너를 더 잘 지켜 줄게."

한편, 훈이도 조이를 목욕시키면서 생각했습니다. 훈이는 문득 오늘 재숙이한테 자신이 태풍보다 더 힘이 세다고 말한 게 창피하게 느껴졌습니다. 하지만 전깃줄에서 재숙이랑 코코, 조이를 무사히 지킨 것은 다시 생각해도 자랑스러웠습니다. 훈이는 조이를 보며 말했습니다.

"조이야, 앞으로 더 많이 안전에 대해 공부할게. 우리 안전하게 잘 지내자. 그리고 절대 목줄을 놓치지 않을게!"

"멍멍!"

조이가 마치 "훈아, 참 좋은 생각이야!"라고 말하는 것 같았습니다.

안전이 최고야!

🌷 문제를 잘 보고 알맞은 곳에 스티커를 붙여 보세요.

1 태풍이 불면 집 안의 창문들은 어떻게 해야 할까요?

㉮ 시원한 바람이 들어오게 활짝 열어 두어요.

㉯ 유리창이 깨지지 않게 꽉 닫고, 창문 옆에 물건을 두지 않아요.

2 센 바람이 부는 날, 건물 앞을 지날 때는 어떻게 해야 할까요?

㉮ 간판이나 물건이 떨어질 수 있으니 조심히 거리를 두고 지나요.

㉯ 건물은 튼튼해서 안전하니까 마음 놓고 걸어요.

3 밖에서 놀 때, 천둥 번개가 치면 어떻게 하나요?

㉮ 큰 나무 아래로 가 번개를 피해 서 있어요.

㉯ 안전한 건물 안으로 들어가요.

4 폭우에 전깃줄이 길에 늘어져 있으면 어떻게 해야 할까요?

㉮ 절대 밟지 않고 어른에게 알려요.

㉯ 손으로 잡고 빙빙 돌리며 장난해요.

5 장마철에는 어떤 점을 주의해야 할까요?

㉮ 날씨를 미리 체크하고 안전에 대비해요.

㉯ 장마철에는 밖에서 더욱 많이 놀아요.

노경실 선생님의 '자연 재난 안전' 이야기

태풍은 '큰 바람'이라는 뜻이에요. 태풍은 혼자 오지 않아요. 비, 번개, 천둥, 벼락(낙뢰)과 같이 옵니다. 그래서 도로가 무너지고, 나무가 뽑히고, 자동차가 종이처럼 날아가기도 하지요. 더구나 힘이 약한 어린이들은 큰 사고를 당할 수 있어요. 태풍이나 폭우 뉴스가 나오면 밖에 나가지 않아야 해요. 그리고 학교에 갈 때는 반드시 어른들의 도움을 받아야 해요.

한파와 폭설 안전

위험한 겨울 방학

오늘은 드디어 겨울 방학이 시작되는 날입니다.
"연경아, 방학 때 뭐할 거야?"
짝꿍인 종익이가 물었습니다.
"나는 우리 오빠랑 강원도에 있는 외할머니 댁에 갈 거야. 그 동네에 스키장이 있어서 스키도 탈 거야. 너는?"
"난 엄마, 아빠랑 캠핑 가기로 했어."
"와, 좋겠다! 그런데 오늘 정말 춥다."
"찬바람이 코랑 입으로 마구 들어오는 것 같아!"
두 아이는 몸을 잔뜩 움츠리며 교문을 나섰습니다.

"와! 스케이트장이네!"

큰길로 나오자 종익이가 소리쳤습니다. 지난밤에 내린 눈이 꽁꽁 얼어 붙어서 얼음판이 되어 있었습니다.

"연경아, 우리 스케이트 타자."

"그게 무슨 말이야?"

"자, 봐봐. 따라해 봐."

종익이는 두 팔을 주머니에 넣고 미끄럼을 탔습니다.

"신난다!"

"종익아, 위험해! 그만하고 천천히 걸어가자!"

연경이가 아무리 말해도 종익이는 멈추지 않았습니다. 지나가던 어른들이 걱정스런 얼굴로 주의를 주었습니다.

"애야, 그러다가 넘어지면 다친다. 머리라도 다치면 어떡하려고 하니?"

"괜찮아요, 헤헤!"

그 순간, 종익이가 중심을 잃고 그대로 미끄러졌습니다. '꽝' 하고 넘어지는 소리도 컸습니다. 얼음판에 벌러덩 넘어진 종익이는 얼마나 아픈지 울지도 못했습니다. 눈을 멍하니 뜬 채 무

슨 말을 하려는지 입만 벙긋거렸습니다.

"종익아, 정신 차려!"

놀란 연경이가 울면서 종익이를 흔들었습니다. 마침 주위에 있던 어른들이 119에 신고해 병원으로 가게 되었습니다.

"큰일 날 뻔했습니다. 만약에 머리가 먼저 땅에 부딪혔다면 뇌진탕이 왔을 겁니다. 다행히 엉덩이랑 팔꿈치가 먼저 땅에 닿아서 큰 부상은 입지 않았어요."

의사 선생님의 말에 종익이 엄마는 눈물을 글썽였습니다.

종익이는 엉덩이에 시퍼렇게 멍이 들고, 두 손목의 뼈는 부러지지 않았으나 통통 부어올랐습니다.

"보름 정도는 최대한 움직이지 않는 게 좋습니다. 이틀 정도 입원했다가 퇴원하고 통원 치료를 받으세요."

의사 선생님이 병실에서 나가자 엄마가 야단을 쳤습니다.

"아침에 엄마가 말했잖아. 길 미끄러우니 조심하라고. 그런데 왜 뛰어다녔니? 응? 많이 아파?"

"응, 엄마… 으앙!"

그제야 종익이가 참았던 울음을 터뜨리며 아기처럼 소리 내어 울었습니다.

그날, 저녁 식탁에서 연경이는 종익이 일을 이야기했습니다.
"큰일 날 뻔했네. 이따가 종익이 엄마한테 전화 좀 해야겠다."
엄마가 혀를 차며 말했습니다.
"눈이 많이 오고 추운 날에는 운전도 조심해야 돼. 오늘 회사 직원이 출근하다가 자동차가 미끄러져서 앞차랑 부딪히는 사고가 났거든. 지각할까 봐 눈길인데도 속도를 냈나 봐."
아빠가 심각한 얼굴로 말했습니다.
"그분은 많이 다쳤나요?"
연경이 오빠 연우가 물었습니다.
"다행히 아주 크게 부딪히지 않고, 안전벨트를 해서 많이 다치지는 않았지만 며칠 출근을 못한다고 하더라고."
"자동차는 어떻게 됐어요?"
연경이가 놀란 얼굴로 물었습니다.
"눈이 오는 날에는 자동차 바퀴에 스노 체인을 감아야 안전한

데 없었나 봐. 그래서 자동차가 더 많이 미끄러진 것 같아."
"아빠, 우리 자동차는 스노 체인 했어요?"
"그럼! 우리 가족이 타는 차는 늘 신경 쓰지. 비나 눈이 오면 사람도, 자동차도 더 조심해야 한단다."
연경이와 연우는 고개를 끄덕였습니다.

이튿날, 연우는 한파주의보 뉴스가 나오는데도 친구들이랑 축구를 한다며 나갔습니다. 그리고 오후 늦게 집에 돌아왔습니다. 얼마나 신나게 뛰었는지 한겨울인데도 온몸이 땀에 젖어 있었습니다. 얼굴은 불그레 물이 들었습니다.
"그러다가 감기 든다. 얼른 씻고 옷도 갈아입어라."
엄마가 갈아입을 옷을 꺼내 주었습니다.
그때, 연우의 핸드폰에서 톡톡 소리가 쉴 새 없이 울렸습니다. 연우는 6학년이 되고부터 축구와 핸드폰을 너무 좋아하게 되었습니다. 자기 방에 들어가서 친구들과 문자 메시지를 주고받느라 시간 가는 줄 몰랐습니다.
"연우아, 먼저 씻고 해. 그러다 동상 걸리고 감기도 걸린단 말이야."

엄마가 걱정스레 말했습니다.

"잠깐만요, 5분만요……."

하지만 연우는 친구들과 연락하느라 한참 뒤에 목욕을 했습니다.

그날 밤, 연우는 밤새 기침을 하고, 손과 발을 마구 긁었습니다. 찬바람에 꽁꽁 언 손과 발을 얼른 따뜻한 물에 씻지 않았기 때문입니다. 밤새도록 기침을 하고, 손발을 긁느라 잠을 제대로 자지 못했습니다.

이튿날, 엄마는 연우를 데리고 병원에 갈 준비를 했습니다.

"엄마, 나도 갈래요. 그 병원에 종익이가 입원했잖아요."

병원에서 연우가 치료를 받는 동안 연경이는 종익이 병실로 갔습니다.

"연경아!"

종익이가 반가운 얼굴로 반겨 주었습니다.

"혼자 있어? 지금도 많이 아파?"

"아니, 괜찮아. 그런데 아직 잘 못 걸어. 나 보러 온 거야?"

"아니, 사실은……."

연경이가 조심스레 오빠 연우 이야기를 들려주었습니다. 그

러자 종익이가 어른처럼 한숨을 내쉬었습니다.

"연경아, 내 실수로 방학을 이렇게 보내게 되서 너무 아쉬워."

"맞아. 겨울 방학이 되면 신나게 놀 줄 알았는데……."

"신나게 놀려면 안전부터 지켜야 한다는 걸 이번에 알았어."

"그래, 우리 다음 방학 때는 안전하고 신나게 놀자!"

연경이와 종익이가 하이파이브를 하며 다리를 흔들었습니다.

그런데 그 순간, 종익이가 비명을 질렀습니다.

"으악!"

"왜 그래?"

"다리가 아픈 걸 깜박했어……."

종익이는 울먹이다가 웃었습니다. 연경이가 놀란 숨을 푹 내쉬었습니다.

안전이 최고야!

🌱 문제를 잘 보고 알맞은 곳에 스티커를 붙여 보세요.

1 바람이 불고 눈이 오는 날, 외출할 때는 어떻게 해야 할까요?

㉮ 눈을 좋아하니까 모자나 장갑은 하지 않아요.

㉯ 감기나 동상에 걸리지 않게 모자, 장갑, 목도리 등을 꼼꼼히 해요.

2 추운 날, 몸이 꽁꽁 얼어 집에 돌아오면 어떻게 하는 게 좋을까요?

㉮ 따뜻한 물로 씻고 옷을 갈아입어요.

㉯ 얼른 이불 속에 들어가 몸을 녹이고 자요.

3 눈이 내려 길이 얼어 있으면 어떻게 해야 할까요?

㉮ 추우니까 손을 주머니에 넣고 미끄럼을 타요.

㉯ 언 곳은 피하고, 주머니에서 손을 빼고 걸어요.

4 눈이 오는 날, 차를 탈 때는 어떻게 해야 할까요?

㉮ "스노 체인 하셨어요?"라고 물어보아요.

㉯ "산타 썰매처럼 신나게 빨리 달려요!"라고 외쳐요.

5 한파 경보 뉴스가 나오면 어떻게 하는 게 좋을까요?

㉮ 되도록 외출을 하지 않고, 따뜻한 물을 자주 마셔요.

㉯ 추우니까 밖에서 운동을 하며 체력을 키워요.

노경실 선생님의 '자연 재난 안전' 이야기

대설주의보(24시간 동안 눈이 5cm 이상 올 때)나 대설경보가 내리면 안전에 신경을 써야 해요. 특히, 어린이들은 폭설뿐 아니라 한파주의보(아침 최저 기온이 영하 12도 이하로 이틀 이상 계속될 때)에도 조심해야 해요. 밖에서 놀다 오면 반드시 따뜻한 물로 씻고, 옷을 갈아입어서 감기나 동상을 막는 것도 중요하지요. 무엇보다 가장 중요한 것은 춥고 눈이 많이 오는 날은 되도록 외출을 하지 않는 게 좋아요.

정답 ① 가 ② 나 ③ 가 ④ 가 ⑤ 가

Safe lifestyle to create a safe future

These days, why do we live in a more dangerous world despite the new technologies and high-tech products? The biggest reason is the social structure that is so complicated and moving insanely fast. It is really important to create a safe environment. Safety education is essential at home, at school, in the neighborhood, and at work. Among them, it is the most important to keep our own safety.

Safety is not kept by 'words' or 'thoughts'. 'Knowing the right thing', that is, we need knowledge. Do you remember the proverb, "I see as much as I know, I understand as much as I know?" Even in the case of safety, the situation is the same. As far as we know, we can keep our safety. So it's very dangerous to know roughly. We must have the right safety knowledge through books and education.

The 'Children's Safety Fairy Tales Series' tells children that keeping my body safe is: first, to protect my life and health, second, the first step in shaping my wonderful future. Also, it gives pleasure to our loved families and friends. I hope this book will be a good and friendly friend and teacher for the children's happy and safe life.